14
L.K. 131.

RAPPORT
DE MM. LES COMMISSAIRES (*)
NOMMÉS PAR DÉLIBÉRATION
DES ÉTATS
DE LANGUEDOC,

Du 18 Janvier 1788.

Messieurs,

Nous nous proposons de soumettre à votre examen les opérations de la Commission que vous avez établie par votre Délibération du 18 Janvier 1788.

(*) Monseigneur l'Evêque de Montpellier, Monseigneur l'Evêque d'Alais, Monsieur le Baron de Villeneuve, Monsieur le Baron de Merinville, Mr. Farjon, Mr. de Laffere, Syndic du Diocese de Narbonne, Mr. de Sauvages, Premier Consul-Maire d'Alais, Mr. de Camont, Syndic du Diocese d'Alais.

Mais avant de vous rendre compte de tous les détails qui ont fixé notre attention, nous croyons devoir vous expofer les principes qui ont dirigé notre travail, & les motifs qui nous ont invité à adopter la forme que nous avons fuivie.

Nous avons penfé que notre premier objet devoit être de préfenter un tableau fimple, exact & inftructif de votre fituation, au Gouvernement, qui ne connoît peut-être pas affez toute l'étendue de vos facrifices; & aux Peuples d'une grande Province dont les intérêts repofent entre vos mains.

D'ailleurs, des confidérations importantes, dont plufieurs femblent fe lier aux événements extraordinaires qui fe font fuccédés avec tant de rapidité depuis votre féparation, nous ont fait envifager, comme néceffaire dans les circonftances actuelles, une méthode qui eft au moins utile dans tous les temps.

La politique avoit fuppofé jufqu'à nos jours, que le myftere & le fecret étoient le caractere effentiel de toute Adminiftration; & de toutes les parties de l'Adminiftration, celle des finances, qui, fans doute a le plus befoin d'être éclairée, étoit reftée couverte de nuages qu'il n'avoit été donné à perfonne de diffiper.

Des principes plus raifonnables ont déterminé le Gouvernement en 1781 & 1788, à manifefter à la Nation l'emploi des revenus publics.

L'impôt rappellé à fa véritable nature, n'eft qu'une contribution fixe & déterminée, dont la néceffité doit être conftatée, dont la mefure & la durée font réglées par les befoins réels de l'Etat.

Mais cette néceffité, cette mefure, cette proportion de l'impôt avec les befoins de l'Etat, ne peuvent être conftatées & jugées que par la comparaifon des revenus & des dépenfes.

Ainsi, ces deux principes font étroitement liés, ou plutôt l'un est la conséquence de l'autre.

Il feroit illusoire de soumettre à l'examen de la Nation, l'emploi des subsides que l'on pourroit établir sans son concours ; la nécessité peut seule légitimer l'impôt, & la mesure de l'impôt doit résulter de l'examen des dépenses utiles ou nécessaires.

L'exemple de l'Administration générale, doit être la leçon de toutes les Administrations particulieres.

Si le Souverain s'est imposé à lui-même l'obligation de faire connoître à la Nation l'usage qu'il fait de ses sacrifices, les Etats sont soumis, par un devoir encore plus impérieux, à manifester leurs Délibérations, & les motifs qui les ont dictées.

Mais nous pouvons dire avec confiance, que les Etats de Languedoc n'ont pas attendu l'exemple du Gouvernement, & qu'ils l'avoient prévenu depuis long-temps.

C'est le desir de donner la plus grande publicité à tous les détails de votre Administration, qui vous a déterminé depuis 1776 à ordonner l'impression des Procès-verbaux de vos Assemblées. Vous avez même étendu cette disposition aux Procès-verbaux des Assiettes Diocésaines : vous avez pensé avec raison, que plus votre Administration seroit connue, plus elle acquerroit des droits aux suffrages & à l'approbation de tous les Citoyens éclairés & bien intentionnés.

Cependant, il faut en convenir, il manquoit à la perfection de votre régime politique, de réunir sous un seul point de vue toutes les parties de votre comptabilité.

La forme même de votre comptabilité ne comportoit pas cet ordre simple & naturel qui satisfait l'imagination des Peuples ; on voyoit réunis sous les mêmes titres & fous les mêmes dénominations, des objets aussi différents par leur nature que par leur destination.

C'est ainsi que le chapitre des *Dettes & Affaires* de la Province, qui sembloit devoir être affecté aux dépenses particulieres & locales du Languedoc, renfermoit une partie des impositions à verser au Trésor Royal.

C'est ainsi que le chapitre des *Frais d'Etats*, qui semble annoncer uniquement les dépenses annuelles de vos Assemblées, étoit composé en grande partie des sommes que vous payez à la décharge du Roi, telles que les gratifications accordées aux Ministres, aux Commandants, les frais d'Intendance, & autres objets de la même nature.

De là ces réclamations vagues & peu réfléchies contre la prodigalité & la magnificence des Etats de Languedoc; réclamations qui annoncent souvent un zèle plus ardent qu'éclairé, mais qui procurent en même-temps aux Etats, l'occasion de développer avec avantage tous les principes de leur constitution.

C'est en exposant au grand jour l'ordre, la régularité & le succès des entreprises que vous formez pour la prospérité de la Province, que vous repousserez des reproches qui ne sont fondés que sur un défaut de connoissances exactes, & dont une légere étude de votre Administration, auroit fait reconnoître l'illusion ou du moins l'exagération.

Nous avons donc pensé que notre premiere occupation devoit être d'établir une classification exacte de toutes les impositions & de toutes les dépenses de la Province.

Nous avons formé une premiere division générale entre les *Deniers Royaux* & les *Deniers Provinciaux*.

Cette division naturelle s'exprime d'elle-même.

On appelle *Deniers Royaux* tous ceux qui se levent sur la Province de Languedoc pour être versés directement dans les caisses royales, ou pour acquitter dans la Province même, à la décharge du Roi, les diverses dépenses ordonnées par le Gouvernement.

Nous avons ensuite rappellé dans la division des *Deniers Royaux* sous différents titres, tout ce qui concerne les impositions, telles que la taille, le taillon, le don gratuit, les vingtiemes, les droits abonnés, la capitation, les frais de Gouvernement, Intendance, Administration civile & militaire, les intérêts des rentes pour rachat, ou supplément d'impositions.

La somme totale de ces différents objets qui composent la division des Deniers Royaux, monte à douze millions huit cents quatre-vingt-un mille dix livres trois sols six deniers.

Nous avons placé à la suite de chaque article, un sommaire historique qui rappelle l'origine, les progrès & les variations des différentes impositions, & qui renferme, pour ainsi dire, l'histoire des finances du Languedoc.

Nous ne craignons pas d'annoncer aux Etats, que ce tableau historique, lorsqu'il sera rendu public par la voie de l'impression, deviendra une espece de code, où tous les habitants de Languedoc pourront puiser toutes les connoissances relatives à la constitution & à l'Administration de la Province; & ces connoissances conduiront nécessairement les Etats à adopter les mesures les plus propres à obtenir du Gouvernement la suppression ou la réduction de quelques-unes de ces dépenses, aussi inutiles au service du Roi, qu'onéreuses aux Peuples.

Nous avons suivi la même forme pour la division des Deniers Provinciaux.

Nous les avons placés sous plusieurs sections, dont les titres seuls annoncent l'objet & la destination, tels que les Frais de l'Assemblée des Etats, de la Députation à la Cour, de l'Administration pendant l'année, les dépenses pour l'encouragement des Sciences, Arts, Commerce, Mines, Haras, Manufactures, Fabriques, enfin, pour tous les Travaux-Publics entrepris par la Province dans chacune des trois grandes Sénéchaussées qui partagent le Languedoc.

Cette section, la plus importante de toutes, se divise en six paragraphes qui comprennent les grandes Routes à la charge des Etats, les Ponts, Chaussées & Lits des Rivieres, Ports, Graux & Canaux, Appointemens des Directeurs & Inspecteurs, Pensions de retraite qui leur sont accordées.

Un chapitre particulier comprend les rentes & intérêts des emprunts & cautionemens pour les Travaux-Publics, achats, indemnités, constructions.

Nous avons cru que les principes d'une bonne Administration devoient vous inviter à réserver un fonds spécialement destiné aux *dépenses imprévues*. Nous nous serions peut-être mieux exprimés en disant *dépenses variables*, parce que l'objet en est prévu, & que la dépense seule ne peut être fixée d'avance.

Cette méthode nous a paru utile pour prévenir toute interversion de fonds, & pour maintenir constamment l'ordre & la clarté dans la comptabilité des deniers de la Province.

Les différents *moins-imposés* que vos loix particulieres vous obligent à faire tourner au soulagement des Contribuables, se trouvent classés dans leur ordre naturel ; nous les avons attachés à chacune des impositions d'où elles semblent dériver, pour que l'emploi en fut plus distinct & plus marqué.

Animés du désir de répondre à votre confiance & de la justifier autant qu'il dépendoit de nous, nous avons cru pouvoir prévenir vos intentions, en vous présentant une idée trop long-temps négligée dans presque toutes les Administrations, & qui peut seule cependant préparer & assurer de la maniere la plus efficace le soulagement des Peuples, c'est l'établissement d'une caisse d'amortissement pour l'extinction des dettes de la Province.

Enfin, nous avons terminé le tableau général de la situation de la Province par un chapitre particulier qui renferme sous deux sections son revenu patrimonial & ses dettes actives.

Il résulte que la somme totale des impositions pour les Deniers Provinciaux, monte à un million six cents vingt-quatre mille sept cents vingt-une livre quatorze sols six deniers.

C'est sur la division des *Deniers Provinciaux* que nous avons le plus multiplié nos observations, parce que nous ne devons pas dissimuler que c'est la partie de votre Administration qui a été la plus vivement attaquée par des réclamations publiques ou indirectes.

Vous penserez peut-être que la méthode la plus sûre pour prévenir tout excès dans les dépenses qui paroissent même les plus utiles & les plus nécessaires, seroit de fixer les fonds destinés aux Travaux-Publics.

Dans l'impossibilité absolue d'abandonner des entreprises déjà commencées, & dont l'utilité est incontestable, il est au moins essentiel de ne se livrer à aucunes entreprises nouvelles avant l'époque où l'entiere exécution des anciennes aura laissé des fonds libres.

Nous ne pouvons nous dispenser de réunir ici quelques réflexions qui résultent naturellement du tableau de comparaison des *Deniers Royaux* & des *Deniers Provinciaux*.

On avoit souvent affecté de croire que la plus grande partie des impositions de la Province étoit destinée aux dépenses de l'Administration intérieure, & que le Trésor-Royal n'en recueilloit que la plus foible portion.

On verra cependant que les sommes que la Province verse dans les Caisses Royales ou à la décharge du Roi, montent à douze millions huit cents quatre-vingt-un mille dix livres trois sols six deniers.

Et que les *Deniers Provinciaux*, c'est-à-dire, ceux qui sont affectés à toutes les dépenses quelconques de l'Administration, ainsi qu'au paiement de ses Créanciers, ne montent qu'à un million six cents vingt-quatre mille sept cents vingt-une livre quatorze sols six deniers.

Il eût été sans-doute très-facile de se désabuser d'une illusion aussi volontaire, mais au moins il ne sera plus permis de se prévaloir de l'espece de confusion qui regnoit dans la forme de votre comptabilité; il n'est pas une seule dépense plus ou moins importante qui soit dissimulée, atténuée, déguisée dans le compte que nous rendons aux Etats; toutes les contributions & tous les objets quelconques auxquels elles sont appliquées, s'y trouvent rappellés avec la fidélité la plus scrupuleuse, & nous nous sommes fait un devoir de manifester tous les détails de votre Administration à ceux même qui pourroient être dans le cas de se reprocher d'avoir montré plus de précipitation pour accuser & condamner, que d'empressement pour s'instruire & s'éclairer.

Et comment pourroit-on contester tous les avantages attachés à votre constitution ? Comment n'être pas surpris en voyant une Administration aussi vaste que celle du Languedoc, qui comprend près de trois mille Communautés & qui renferme des Provinces entieres, suffire à des entreprises aussi étendues, aussi multipliées & aussi dispendieuses, avec des fonds aussi circonscrits ?

Vous

Vous reconnoîtrez en effet, par le résultat général des impositions versées dans la Caisse de la Province pour l'acquittement des *Deniers Royaux* & des *Deniers Provinciaux*, que la somme totale de ces impositions monte à quatorze millions cinq cents cinq mille sept cents trente-une livre dix-huit sols.

Et le résultat particulier du chapitre des fonds destinés aux Travaux-Publics, en y comprenant les appointements de vos Directeurs généraux & des Inspecteurs attachés à cette branche de votre Administration, vous apprendra que les fonds consacrés par imposition à tous les ouvrages de la Province, ne montent qu'à un million soixante-onze mille deux cents seize livres trois sols sept deniers.

Ce qui forme la proportion du quatorzieme ou quinzieme des impositions générales ; somme bien inférieure à l'idée que l'on s'en forme assez communément.

La dépense du Canal de Beaucaire & de celui de Narbonne, n'est point comprise dans le chapitre des Travaux-Publics, & elle ne pouvoit ni ne devoit y être comprise ; ces deux ouvrages si intéressants pour la prospérité du commerce de la Province, & même pour le commerce de tout le Royaume, ont été entrepris sur les fonds que le Gouvernement a cru devoir lui-même y affecter par une remise sur la crue du sel, les Etats n'imposent aucunes sommes pour ces deux objets ; il étoit juste en effet, qu'une dépense dont toute la France doit recueillir les avantages, fût acquittée par le Gouvernement & non par une seule Province.

Les pouvoirs que vous aviez confiés à vos Commissaires, les obligeoient de se renfermer dans les dépenses de votre Administration générale, & ne leur permettoient pas de donner les mêmes détails sur les Travaux-

B

Publics de chaque Diocese; mais il fera facile de leur appliquer les mêmes principes, & d'en connoître le réfultat, puifque toutes les fommes impofées par les Dioceſes, pour la conftruction & l'entretien de leurs chemins, font fidélement rapportées dans vos Procès-verbaux.

D'ailleurs, vous n'ignorez pas que les Dioceſes font foumis à des Réglements très-févéres, dont il ne leur eſt pas permis de s'écarter; que ces Réglements ont été établis pour arrêter tous les projets dont l'utilité ne feroit pas conſtatée, ou dont la dépenſe excéderoit la meſure de leurs forces; que les Dioceſes ne peuvent exécuter aucuns chemins, quelque utiles qu'ils puiffent être, fans une Délibération de leurs Affiettes, dont tous les Membres, au moins pour la très-grande partie, repréfentent l'univerfalité des Contribuables; que les Délibérations même des Affiettes ne peuvent recevoir leur exécution qu'en vertu de l'approbation des Etats, & de l'autorifation du Souverain; qu'enfin, les Dioceſes font affujettis à rembourſer dans l'efpace de fix années, les différents emprunts qu'exige la conftruction de leurs chemins.

Ces Réglements, dont l'expérience a juftifié toute la fageſſe, ont contribué à répandre dans tous les Dioceſes, cette utile activité dont le commerce a déjà reffenti de fi heureux effets.

Ces différentes confidérations nous déterminent à vous propofer de placer à la fuite du tableau général des impofitions & des dépenfes de la Province, le tableau particulier des fonds confacrés aux chemins de Sénéchauffée, & aux chemins de Dioceſe. Vous réunirez ainfi, fous un feul point de vue, l'enfemble de l'Adminiftration générale & les détails des Adminiftrations particulieres.

Il feroit même à défirer que tous les Diocefes voulussent conformer le fyftême de leur comptabilité aux principes de claffification que nous avons fuivi dans le tableau des impofitions & des dépenfes de la Province, les mêmes motifs follicitent cette uniformité; elle procurera les mêmes avantages, elle préviendra les mêmes inconvéniens, elle infpirera la même confiance.

On ne fauroit trop le répéter, parce qu'on paroît l'oublier trop fouvent, que toutes les cenfures, comme tous les éloges en Adminiftration, doivent toujours être foumis au calcul; c'eft la feule méthode exacte pour les apprécier felon leur jufte valeur.

Enfin, nous nous bornerons à une feule confidération générale dont le mérite peut être fenti par tous les Propriétaires du Languedoc.

Si l'on compare le produit des terres depuis l'ouverture des grandes Routes & la conftruction des Canaux & des Ponts, avec le produit de ces mêmes terres avant que l'agriculture & le commerce euffent obtenu la faveur & la profpérité qu'ils doivent aux vues qui ont dirigé votre Adminiftration, il réfultera certainement de cette comparaifon, fi elle eft faite avec attention & impartialité, que les fonds employés aux grandes Routes, aux Canaux & aux Ponts, ont pu feuls procurer au Languedoc les reffources néceffaires pour foutenir depuis fi long-temps l'excès des impofitions dont les befoins de l'Etat ont forcé la mefure.

Mais il importe que le Gouvernement foit averti que la nature a attaché tant de foin, de peines & de dépenfes à la culture du fol du Languedoc, que la plus légere furcharge feroit perdre au Propriétaire le fonds qui produit fon revenu, & au Gouvernement l'impôt qui fe leve fur le revenu.

Si le tableau général que nous allons expofer à vos

regards présente des erreurs & des imperfections, consacrées peut-être par une longue prescription, il faut en même-temps se rappeller qu'une grande Administration doit être jugée sur le résultat général de ses opérations, & non sur une seule de ses parties. Une grande Administration peut se tromper dans un projet; elle peut s'égarer dans les moyens qu'elle adopte pour son exécution; elle peut même se laisser séduire par le charme attaché aux monuments qui annoncent la grandeur & appellent l'admiration; mais elle a droit à la reconnoissance publique lorsqu'elle procure constamment de grands avantages, & qu'on ne peut lui reprocher que des erreurs passageres.

Dans la confiance où nous sommes que vous vous déterminerez chaque année à ordonner la publicité des revenus & des dépenses de la Province, nous avons cru que *ce premier compte rendu* devoit renfermer des détails aussi nécessaires qu'instructifs pour éclairer vos Concitoyens sur l'origine, la mesure & l'emploi des contributions que vous avez consenties.

Ces détails deviendront superflus pour les comptes à rendre dans les années suivantes.

C'est en discutant avec une attention scrupuleuse, toutes les dépenses ordonnées par les Etats, que chaque Citoyen du Languedoc pourra en calculer la mesure, en prévoir le terme & se former une opinion raisonnable sur leur utilité, leur importance & leur nécessité.

Il est une question intéressante dont les Etats ont déjà entendu parler dans leur derniere Assemblée; question qui est devenue l'objet des discussions les plus sérieuses, & dont la décision servira probablement de base à toutes les Assemblées Nationales.

L'Assemblée des Notables avoit reconnu de la maniere la plus folemnelle, que la diftinction des Trois Ordres qui conftituent la Monarchie Françoife, ne fuppofoit effentiellement aucune exemption capable d'aggraver le fardeau des Peuples, & que tous les Membres d'une même famille devoient contribuer aux charges communes de la famille.

Les fentiments d'honneur & de juftice qui animent les deux premiers Ordres de la Province, s'accordoient avec le vœu des Notables du Royaume.

La Commiffion s'étoit occupée de cet objet important, dès fa féance du mois de Mai dernier; elle avoit déjà fixé les principes de fon travail, & elle fe propofoit d'en arrêter le réfultat dans fa féance du mois de Septembre, lorfque la convocation prochaine des Etats-Généraux a fufpendu fa détermination ultérieure.

Une opération particuliere au Languedoc, auroit paru prématurée dans des circonftances où cette opération doit néceffairement s'étendre à tout le Royaume.

L'événement a juftifié la circonfpection de MM. vos Commiffaires.

Le vœu perfonnel que tous les Membres des deux Ordres du Clergé & de la Nobleffe qui font préfents à cette Affemblée ont formé de contribuer aux impofitions de la Province, tant Royales que locales, fans aucune différence dans la cotité de l'impofition proportionnelle des biens Nobles, Eccléfiaftiques & Laïcs, avec la cotité de l'impofition proportionnelle des biens ruraux, & la réfolution qu'ils ont prife, en dépofant ce vœu dans le fein paternel de Sa Majefté, de le porter aux deux Chambres du Clergé & de la Nobleffe des prochains Etats-Généraux du Royaume, pour y être fanctionné par l'adhéfion & le vœu commun de leurs Ordres refpectifs, rempliffent plus parfaitement l'objet de la Commiffion dont vous nous avez honoré, que le détail des difcuffions auxquelles nous nous étions livrés pour nous conformer à vos intentions.

Nous n'aurions pas héfité à vous propofer de prononcer dès le moment actuel, fur plufieurs reformes dont votre Adminiftration paroît fufceptible; mais plufieurs réflexions, dont nous foumettrons le mérite à votre fageffe, ont fufpendu l'exécution de notre premier plan.

Un apperçu très-rapide ne vous auroit pas mis fuffifamment à portée de faifir toutes les confidérations qui doivent déterminer des réfolutions auffi importantes, ni même de ftatuer fur tout ce qui feroit utile ou néceffaire.

Les différentes réductions que vous auriez arrêtées, auroient pu être ou trop reftraintes ou trop étendues; mais le nouvel ordre dans lequel nous avons expofé toutes les dépenfes de votre Adminiftration, fera reffortir plus fenfiblement celles qui doivent être *entierement fupprimées*, & celles qui font encore fufceptibles de modération. Le tableau de votre Adminiftration, foumis à tous les regards, deviendra l'objet d'utiles réflexions, & cet intervalle précieux fervira à préparer des Délibérations qu'on ne pourra point accufer de précipitation ou foupçonner d'indifférence.

D'ailleurs, quelques-unes de ces dépenfes dépendent entierement du Gouvernement qui en a grévé la Province; toutes *font autorifées par le Roi*, & plufieurs font établies par une difpofition formelle de l'Arrêt du Confeil de 1752, qui les a fanctionnées, après leur avoir déjà fait fubir une premiere réduction; car il eft affez remarquable que les différentes dépenfes qui font reprochées avec le plus d'amertume à votre Adminiftration, étoient autrefois beaucoup plus confidérables, qu'elles furent modérées par l'Arrêt du Conseil de 1752, sous un Ministere que des accusations légerement hasardées avoient prévenu contre les Etats de Languedoc, mais, qui désabusé par l'expérience, des tristes effets que produisit leur suspension, se hâta de les rétablir dans toute l'intégrité de leurs droits. Vous serez à portée de juger si depuis cette époque ces dépenses ont excédé la mesure prescrite par le Gouvernement ; mais vous devez espérer qu'il ne se refusera pas à seconder les vues d'ordre & d'économie que vous lui présenterez, & que toutes les demandes qui tendront à alléger le fardeau des Contribuables, obtiendront son approbation.

Telle doit être la conduite de toutes les Administrations ; elles doivent obéir avec une sage lenteur, à l'empire inévitable du temps, au progrès plus ou moins sensible des connoissances, mais la prudence leur défend de franchir par une marche trop rapide, tous les intervalles qui doivent séparer les grands changements; c'est du calme de la raison, c'est du cours paisible & réglé des affaires publiques, c'est de l'examen tranquille & réfléchi des avantages ou des dangers, inséparables de toutes les révolutions qu'elles peuvent espérer un résultat certain, sur ce qu'il est utile de conserver ou de changer; sans-doute elles doivent s'enrichir de tout ce que l'expérience & la raison leur présentent pour le bonheur des Peuples, mais elles ont également à se préserver de l'amour inconsidéré des innovations & d'un attachement superstitieux à des usages qui contrarieroient l'intérêt public & les principes de la Justice.

MM. vos Commissaires se borneront donc à vous proposer,

1°. De faire imprimer le compte des impositions & dépenses de la Province selon l'ordre & la classification indiqués par la Commiſſion ; cette publicité répandra dans toutes les parties de la Province, la connoiſſance de tous les détails de votre Adminiſtration, & elle mettra les Etats prochains à portée de prononcer avec plus de confiance ſur toutes les reformes ou toutes les réductions qu'ils jugeront juſtes & convenables.

2°. De placer à la ſuite du tableau général des impoſitions & des dépenſes de la Province, le tableau particulier des fonds conſacrés aux chemins de Sénéchauſſée & aux chemins de Dioceſe.

3°. D'inviter les Dioceſes à adopter les mêmes principes de claſſification pour leurs impoſitions & leurs dépenſes, que la Commiſſion a ſuivi pour le tableau des impoſitions & des dépenſes de la Province.

RÉCAPITULATION

RÉCAPITULATION
GÉNÉRALE
DES DENIERS ROYAUX.

CHAPITRE PREMIER.

          l. f. d.

Anciènne Taille . . . . . . 514,517. 4.

CHAPITRE II.

Taillon . . . . 165,000.

CHAPITRE III.

Don-Gratuit . . . . 3,000,000.

CHAPITRE IV.

Vingtiemes . . . . 3,275,000.

CHAPITRE V.

Droits abonnés avec le Roi . . 1,666,018.

CHAPITRE VI.

Capitation . . . . 1,608,985. 3.

        10,229,520. 4. 3.

De l'autre part . . . . 10,229,520. 4. 3.

CHAPITRE VII.

Frais de Gouvernement, d'Intendance & d'Administration civile.

SECTION PREMIERE.

Frais de Gouvernement . . . . . . 150,170.

SECTION 2.

Frais d'Intendance . 10,700.

SECTION 3.

Frais de l'Administration civile . . 199,536. 13. 4

} 360,406. 13. 4.

CHAPITRE VIII.

Frais d'Administration Militaire.

SECTION PREMIERE.

Frais de Commandement . . . . . 53,355.

SECTION 2.

Dépenses pour les Troupes à payer aux caisses royales. 679,402. 18.

SECTION 3.

Dépenses pour les Troupes à payer par la Province à la décharge du Roi, 400,619. 5. 6

} 1,133,377. 3. 6.

11,723,304. 1. 1.

(19)

	l. f. d.
Ci-contre	11,723,304. 1. 1.

CHAPITRE IX.

Rentes provenant d'emprunts faits pour les Impositions ou pour le Service du Roi.

SECTION PREMIERE.

	l. f. d.
Anciennes Rentes depuis 1649 jusqu'en 1713 .	293,090. 3. 8

SECTION 2.

Emprunts pour rachats ou suppléments d'impositions.

§. 1.

Rachats d'impositions.	173,008. 17.

§. 2.

Emprunts pour la Capitation. . .	307,428. 16. 10

SECTION 3.

Emprunts pour rachats d'Offices Municipaux . .	48,975.

822,502. 17. 6.	11,723,304. 1. 1.

	l. f. d.
De l'autre part	11,723,304. 1. 1.
De l'autre part. 822,502. 17. 6	

SECTION 4.

	l. f. d.	
Emprunts pour dépenses relatives aux Troupes .	46,123. 19. 8	

SECTION 5.

Emprunts pour réduction d'intérêts . . . . . .   9,900. 18.

SECTION 6.

| Emprunts pour rétablissement & rehaussement d'intérêts . . . . . . | 174,216. 9. 11 | 1,108,921. 6. 1. |

SECTION 7.

| Emprunt fait pour le compte du Roi, & qui est aujourd'hui à la charge de la Province. . . . | 56,177. 1. |

CHAPITRE X.

Impositions du Comté de Caraman, réuni au Languedoc . .	48,784. 16. 4.
TOTAL des Deniers Royaux .	12,881,010. 3. 6.

RÉCAPITULATION GÉNÉRALE DES DENIERS PROVINCIAUX.

CHAPITRE PREMIER.

Frais de l'Administration des Etats.

SECTION PREMIERE.

	l. f. d.	l. f. d.
Frais de l'Assemblée annuelle des Etats	154,720.	

SECTION 2.

Frais de la Députation à la Cour	53,000.	

SECTION 3.

Frais de l'Administration pendant l'année	62,200.	272,420.

SECTION 4.

Pensions de retraite des Officiers de la Province	2,500.	

272,420.

De l'autre part . . . . . 272,420.   l. f. d.

CHAPITRE II.

Dépenses pour les Sciences, Arts, Commerce, Manufactures, Mines, Haras, &c.

SECTION PREMIERE.

                               l .f. d.

Sciences & Arts . 34,600.

   SECTION 2.

Commerce, Manu-
facturès & Fa-
briques . . . . 70,000.

   SECTION 3.

Mines . . . . . . 4,800.   } 128,330.

   SECTION 4.

Haras . . . . 4,200.

   SECTION 5.

Postes . . . . . . 14,230.

   SECTION 6.

Hôpitaux . . . . . 500.

                               400,750.

Ci-contre . . . . 400,750. l. f. d.

CHAPITRE III.

Travaux - Publics.

SECTION PREMIERE.

Grandes Routes & autres . . . . . 536,737. 19. 9   l. f. d.

SECTION 2.

Ponts 254,328. 3. 10

SECTION 3.

Chauffées & Rivieres . . . . 31,350.

SECTION 4.

Ponts, Graux & Canaux . . . . . 197,000.   } 1,071,216. 3. 7.

SECTION 5.

Appointements des Directeurs & Inspecteurs, &c. . 39,100.

SECTION 6.

Pension de retraite pour les Directeurs & Inspecteurs . . . . . . 12,700.

1,471,966. 3. 7.

De l'autre part : . . . . 1,471,966. 3. 7.

CHAPITRE IV.

Rentes & intérêts des emprunts & des cautionnements.

SECTION PREMIERE.

Rentes pour achats, indemnités & constructions . 111,555. 10. 11

SECTION 2.

Intérêts pour cautionnement . . 41,200.

} 152,755. 10. 11.

1,624,721. 14. 6.

Somme totale de la Récapitulation générale des Deniers Royaux. . . 12,881,010. 3. 6.
Somme totale de la Récapitulation générale des Deniers Provinciaux. 1,624,721. 14. 6.
TOTAL des Deniers Royaux & des Deniers Provinciaux . . . 14,505,731. 18.

Nota. On s'est borné à inférer dans ce moment à la suite du Rapport, la Récapitulation générale des Deniers Royaux & des Deniers Provinciaux, la briéveté du temps n'ayant pas permis de satisfaire autrement les désirs du Public : mais on s'occupe sans relâche de l'impression de tous les détails qui accompagnent chaque Chapitre, chaque Section & chaque Article : on croit pouvoir assurer que ces détails, qui ne feront qu'un seul & même corps d'ouvrage avec celui-ci, seront rendus publics dans le courant du mois de Mars.

www.ingramcontent.com/pod-product-compliance
Lightning Source LLC
Chambersburg PA
CBHW060607050426
42451CB00011B/2121